L 27 n
22928

# TOUTE LA GLOIRE

DE

# M. H. CURTIL



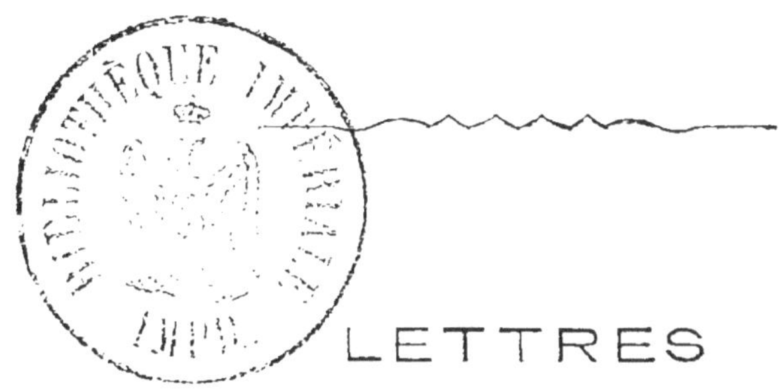

LETTRES

AU JOURNAL LE NOUVELLISTE

PAR H. BONDILH.

MARSEILLE
IMPRIMERIE SAMAT
QUAI DU CANAL, 9

1866

# AVANT-PROPOS

## AU LECTEUR

*Tout l'intérêt de cette publication se résume, à cette heure, dans la troisième lettre que nous adressons en réponse au journal le* Nouvelliste, *à la suite de l'article* ***INJURIEUX*** *qu'il nous a gratuitement décoché dans son numéro du 18 janvier dernier.*

*Nos deux premières lettres étant déjà connues du public, nous appelons spécialement l'attention des gens de cœur sur la réponse que notre honneur littéraire nous a fait un devoir d'adresser à la feuille sottement adulatrice de M. Curtil*

*Voir cette troisième lettre à la page 24.*

H. BONDILH.

15 Février 1867.

# TOUTE LA GLOIRE

DE

# M. HILAIRE CURTIL

---

## PREMIÈRE LETTRE AU NOUVELLISTE

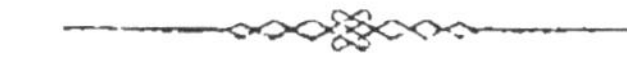

MONSIEUR LE RÉDACTEUR,

Le 11 décembre courant, jour de mardi, à propos, je ne dis pas sous prétexte des nouvelles et grandioses constructions de la rue Impériale, il vous a paru juste et opportun de décerner à M. Hilaire Curtil une belle médaille de votre rédaction la plus sympathique, affectueuse jusqu'à l'hyperbole.

A la suite d'une autre feuille de Marseille, vous avez mis une certaine complaisance à tresser à votre héros une brillante couronne que sa modestie n'aura pas lieu de refuser probablement, vu les certificats de haute capacité et les diplômes d'habileté architecturale que vous lui délivrez avec une effusion d'enthousiasme presque dithyrambique.

Vous n'avez usé, en cela, que d'un droit imprescriptible ; quand les titres de gloire de M. Hilaire Curtil sont si bien établis... à vos yeux, pourquoi seriez-vous privé du plaisir de le faire poser.... sur un piédestal digne de votre .... admiration.

A tout prendre d'ailleurs, dès que M. Hilaire Curtil vous apparaît comme un type d'homme supérieur, animé d'un dévouement inaltérable et sans bornes aux intérêts de *(cette armée d'ouvriers dont il est un des chefs renommés,)* [1] en lui payant ce tribut de votre chaleureuse gratitude vous avez la douce sastisfaction d'être au moins en règle avec votre conscience.

A Dieu ne plaise donc que, *sans motif sérieux et légitime,* il puisse venir à la pensée de quelqu'un de troubler la joie pure de M. Hilaire Curtil, et de porter une main *téméraire* sur cette noble auréole de génie et de philanthropie que vous faites briller sur le front de votre protégé.

C'est pourquoi je vous prie de croire que j'éprouve un véritable regret de ne pouvoir m'associer aux transports de votre admiration à l'endroit et au profit de M. Hilaire Curtil, qui aimerait tant à jouir, sans conteste, de la belle décoration que vous avez attachée à sa boutonnière, mais qui, permettez-moi de vous le dire, ressemble à ces brevets que le gouvernement délivre sans sa garantie.

Ceci une fois bien entendu, il me reste à vous adresser une simple mais importante observation que je recommande à votre impartialité la plus attentive.

Il s'agit, M. le Rédacteur, de rendre justice *à tout le monde;* il s'agit de distribuer l'éloge et de répartir les décorations d'une manière équitable; à défaut de quoi votre héros est exposé à perdre *tout le bénéfice public* de votre apologie.

Si vous aviez eu le malheur, par exemple, d'aug-

(1) Courrier de Marseille.

menter sa part de gloire des dépouilles *morales* de travailleurs et entrepreneurs non moins habiles et non moins dévoués, pensez-vous que nulle protestation ne s'élèverait contre ce monopole d'une célébrité mal assise, *par vous et consorts*, sur un trône usurpé?

C'est le cas dont il s'agit :

Pensez-vous que cette rue Impériale dont *on voudrait* faire le domaine d'une gloire unique, la gloire de M. Hilaire Curtil, n'aurait pas quelques échos pour dénoncer *au public* la partialité de vos affirmations entachées d'exclusivisme et d'erreur?

De la Cannebière à la rue Impériale, la distance n'est pas grande. — Aussi bien, l'année dernière, à pareille époque, une modeste feuille, du nom de *la Cannebière*, reproduisait les observations émises par vingt-cinq ou trente entrepreneurs de la rue Impériale, observations qui rétablissaient la *vérité vraie* contre les assertions emphatiques et inexates d'une autre *grande* feuille de la localité.

21 Décembre 1865.

Monsieur le Rédacteur du journal la *Cannebière*,

Je suis arrivé à Marseille dans les premiers jours du mois de Décembre. J'ai été amené dans votre ville par le besoin et le désir d'y trouver un emploi utile de ma profession de dessinateur-architecte.

Le mouvement prodigieux qui pousse cette opulente ville dans la voie des plus utiles et des plus grandioses transformations, doit nécessairement attirer tous les hommes qui s'occupent spécialement de cette branche si fertile de l'industrie générale et de l'activité publique.

Un journal, le *Courrier de Marseille,* à la date du 8 du même mois, tomba, par hasard, sous mes yeux, et j'eus l'occasion de lire un article, fort bien rédigé, à mon sens, sur la question qui m'intéresse à tous les titres.

Les réflexions de l'auteur me parurent, en général, empreintes d'un caractère saisissant de vérité sur » diverses constructions particulières portant la double empreinte de l'opulence et du goût, et qui se » détachent, *remarquablement*, de cette cohue de » maisons récentes, brodées sur toutes leurs lignes » et leurs saillies, par tous les caprices du ciseau. » J'avais déjà observé avec une attention particulière, » aux alentours du cours Bonaparte, une somptueuse » demeure, érigée dans une rue solitaire et curvili» gne, qu'on nommerait *Palazzo* à Gènes ou à » Venise.

» Je n'étais pas indifférent, non plus, à une autre » très-remarquable construction qui s'élève à l'angle » de la rue Breteuil et du cours Bonaparte, non » plus qu'à celle qui se révèle au coin de la place » Royale et de la Cannebière, et dont la majes» tueuse ordonnance semble tenir en échec le Palais « de la Bourse. »

J'abordais, à mon tour, cette voie « voie romaine » dont un geste de Napoléon III fut l'indicateur, et » qui a été si rapidement ouverte à travers la vieille » Marseille. »

J'avoue, monsieur le Rédacteur, que ces appréciations du *Courrier de Marseille* avaient produit sur moi la meilleure impression ; aussi bien étais-je disposé à croire sur parole et à accepter, en toute confiance, la suite de ces observations, par lesquelles se termine l'article dont je vous entretiens.

C'est pourquoi je ne vis aucun motif de mettre en doute l'exactitude des renseignements ou, pour mieux dire, des éloges assez vivement accentués, qui se trouvaient sous la plume de cet écrivain, au sujet de M. Curtil, un de « ces chefs renommés de l'armée » ouvrière, qui *démolissent, creusent, alignent,* » *édifient,* pour le PEUPLE surtout!!..... et au pro» fit de son bien-être ! »

M. Curtil était encore désigné comme voulant accomplir *un grand fait d'INDUSTRIE, provenant de sa seule initiative ;*

Il s'agit ici des maisons *bâties par centaines* par l'acquéreur des terrains de l'ancien Lazaret.

Voilà donc mon affaire, me dis-je ; j'ai trouvé l'homme d'activité et de mérite qui pourra certainement me protéger, c'est-à-dire me faire participer, moi soldat laborieux aux travaux de *cette armée ouvrière*, dont il a le privilège d'être un des chefs renommés !

Mais ici, je dois l'avouer, ma déception a été aussi grande que ma confiance avait été vive , à la lecture du *Courrier*.

Parcourant les divers chantiers de ces nombreuses constructions, il fut répondu, ainsi qu'il suit, à ma demande d'être admis à la faveur de voir M. Curtil dont je voulais solliciter et obtenir la protection :

Ilot n. 2, c'est M. Maubert qui a en l'entreprise, M. Curtil n'y est pour rien.

Les ilots n. 3, 4, 5, 7, 8, 11, 17 et 18 sont à l'entreprise de MM. Jules Lasnier et Cie.

MM. Amié frères et Tardieu, construisent l'ilot n. 12;

M.Saint-Paul, les ilots 14 et 17 *ter*,

MM. Benet, Gronier, Audibert, etc., l'ilot n. 13, M. Marius Alibert a ceux des n. 3, 10 et 18 *bis*.

MM. Lallier et Ch. Bailly sont les entrepreneurs des ilots n. 11, 18 *bis*, 18 *ter*, et 18 *quater*,

Quand à l'ilot du Port, près de la Cathédrale, il est construit par MM. Rivière et Béraud ;

Les ilots du Lazaret, par MM. Tricon, Amiel et Turcan, Hode, Douliéry, Rabattu et Pierquin, Gauthier frères, Gourjon. . . . . . . . . . . . . .

. . . . . . . . . . . . . . . . . . . . . . . . . . .

Je ne pouvais mettre en doute la sincérité des indications si positives qui m'étaient données sur les lieux, par ceux-là mêmes qui composent cette armée d'ouvriers qui, loin d'avoir aucun rapport avec M. Curtil, sont étrangers, non seulement à sa direction, mais qui démolissent, mais qui creusent, mais qui alignent, mais qui édifient sans la moindre initiative de cet honorable industriel, et qui, même, n'auraient jamais supposé que cette initiative eût existé sans la révélation fantastique, paraît-il, du *Courrier de Marseille*.

Je voulus enfin recueillir les derniers renseignements et sur l'invitation du journal précité, je poursuivis ma promenade jusqu'aux Docks ; *je tirai sur la droite*, et des travaux considérables apparurent, en effet, à mes regards...... c'est peut-être là, me dis-je, que fonctionne cette armée d'ouvriers dirigée et commandée « par celui qui ne sème point de dents de » dragons, mais qui bâtit les maisons par centaines. »

Mais là comme sur les autres parties de ces immenses terrains, il me fut dit : M. Boutenos est le seul entrepreneur des déblais ; M. Curtil est étranger à ces travaux.

Muni de ces renseignements qui concordaient si peu avec les assertions presque hyperboliques du dit journal, je ne pus m'empêcher de faire cette réflexion :

L'honorable M. Curtil n'est donc pas ce général en chef de l'armée ouvrière dont parle le *Courrier!*

Je gagnerais tout autant à offrir mes services à chacun de tous ces entrepreneurs qui peuvent démolir et édifier sans l'initiative de *ce chef renommé!!!*

A. Beaussenge.
(Journal la Cannebière).

Monsieur le Rédacteur *du Nouvelliste*,

Cette lettre, ainsi que d'autres articles, est demeurée sans réponse depuis la date où elle fut écrite et *publiée* ; une année s'est donc écoulée depuis que des voix nombreuses, intéressées et autorisées se sont élevées contre l'inqualifiable prétention de certains louangeurs hyperboliques, qui n'ont pas réussi, pourtant, à hisser M. Hilaire Curtil et sa Gloire *sur les œuvres d'autrui*.

En reprenant, à cette heure, le thème facile mais inexact de cette gloire de M. Hilaire Curtil, vous avez donc réveillé bien des échos à la rue Impériale et dans les quartiers circonvoisins.

Ces échos ne se tairont pas probablement ; croyez, Monsieur le rédacteur, que les nombreux constructeurs, architectes, entrepreneurs, etc., bien connus pour ne pas former la clientèle de M. Hilaire Curtil, et pour être *indépendants de son initiative*, ne voudront pas plus aujourd'hui qu'ils n'ont voulu, il y a un an, se résigner au mutisme en présence d'assertions au moins *erronées* ; ils ne voudront pas rester enveloppés dans la pénombre d'un faux astre que certaines complaisances voudraient faire briller au firmament de la presse locale.

Vous daignerez voir sans doute dans les observations qui précèdent, Monsieur le Rédacteur, le désir que la *vraie lumière* se fasse au profit des vrais lauréats et de tous les initiateurs de la rue Impériale.

Quelle que soit d'ailleurs la source d'où émanent les renseignements accueillis par vous, avec une bonne foi et reproduits avec une confiance qui ne peuvent être imputées á blâme, vous comprenez trop bien la nécessité d'une réparation due à tous ceux dont M. Hilaire Curtil ne peut éclipser les mérites au prix de la vérité.

C'est pourquoi, il est indispensable qu'une deuxième lettre rectificative des faits soit publiée, à telle fin que justice soit rendue à tous, et que la gloire de M. Hilaire Curtil soit réduite à son véritable niveau.

H. Bondilh.

22 Décembre 1866.

---

## DEUXIÈME LETTRE AU NOUVELLISTE

MONSIEUR LE RÉDACTEUR,

Vous n'avez pu écrire sérieusement que M. Hilaire Curtil, homme de *grande initiative,* a donné des exemples dignes d'être suivis.

Si la ferveur inconsidérée d'un zèle ultra-laudatif n'offusque pas votre impartialité, et si l'amour de la vérité l'emporte, dans votre cœur, sur l'affection trop intime peut-être, que vous avez vouée à M. Hilaire Curtil, voici quelques renseignements qui pourront vous servir à tempérer au moins l'excès de votre enthousiasme.

Puisés dans la série des faits historiques de la rue Impériale, leur simple énonciation suffit pour mettre à néant la *grande initiative* de M. Hilaire Curtil, dont personne n'éprouve, jusqu'à ce jour, le besoin *d'imiter les exemples.*

### CRÉATION DE LA RUE IMPÉRIALE.

Lorsque, au mois de septembre 1860, l'Empereur vint à Marseille et y demeura l'espace d'une semaine, le soin des affaires municipales était entre les mains de M. Louis Lagarde, dont les tendances libérales et progressistes n'ont été méconnues que de ceux absolument dont les intérêts déçus ou la vanité irritée devaient précipiter les jugements et égarer la justice.

Ce très-honorable magistrat semblait avoir été placé à la tête de l'édilité marseillaise pour donner la vie et imprimer le mouvement à toutes les idées qui, depuis quelques années, germaient et s'agitaient dans l'esprit de certains hommes éminents.

En ce moment presque providentiel, les hautes et vivifiantes questions relatives à la réformation ou, pour mieux dire, à la rénovation de l'antique cité étaient à l'ordre du jour ; elles étaient devenues l'objet de toutes les préoccupations.

Un fait acquis à la connaisance de tous, c'est que Marseille ne pouvait rester dans l'ornière de son passé, avec son massif de rues étroites et malsaines, alors que les grandes villes de France travaillaient à l'envi à rehausser la splendeur de leurs constructions, à revêtir, en quelque sorte, le beauté architecturales, digne expression des mœurs régénérées par les idées enfin victorieuses du dernier siècle, idées étendues et fécondées par le travail des économistes contemporains.

La satisfaction due aux principes de justice et d'égalité sociale ne pouvait se traduire, dans la vie pratique et les besoins de chaque jour, que par toutes ces innovations profitables aux grands centres de population.

C'est pourquoi les hommes de véritable initiative (n'en déplaise à M. Hilaire Curtil, qui n'a rien à prétendre dans ces considérations d'ordre supérieur) ; c'est pourquoi, dis-je, les hommes de véritable initiative avaient compris et démontré la nécessité de donner aux vieilles cités une splendide physionomie architecturale, justifiée par les tendances de l'époque et les prescriptions de l'hygiène.

La Rue Impériale, dont Marseille a le droit d'être

fière, est une œuvre grandiose dont la création doit rappeler incessamment le nom :

1° Du Chef de l'Etat, qui saisit, avec le rapide coup-d'œil de l'intelligence, l'utilité, l'importance et la beauté de cette voie régénératrice pour la ville des anciens jours ;

2° Celui de M. Louis Lagarde, maire de Marseille, qui plaida, avec toute la chaleur d'un sincère patriotisme, la cause de l'intérêt public, si intimément liée à la rénovation des vieux quartiers par les nombreux avantages du présent et par l'inauguration du brillant avenir promis à la métropole de la France sur la Méditerranée ;

3° Le nom de M. Auguste Gassend, l'intelligent ingénieur-directeur de la voirie municipale, qui, en 1860, sous les auspices de M. Louis Lagarde, fut admis à approcher la personne de l'Empereur, et à soumettre à Sa Majesté le plan de ce projet rénovateur.

Ceci se passait le 9 septembre 1860, dans l'hôtel de la Préfecture, et l'Empereur, recueillant son attention sur la proposition de M. Auguste Gassend, daigna le renvoyer à une autre séance pour l'entendre de nouveau.

Le lendemain, 10 Septembre, alors que l'Empereur s'embarquait sur le paquebot qui devait le transporter à la Ciotat, MM. Lagarde et Gassend saisirent avec empressement l'occasion qui leur était offerte de remettre cette importante conception sous les yeux du Chef de l'Etat; grâce aux nouvelles explications fournies à Sa Majesté, le projet sortit victorieux. C'est à bord de ce modeste paquebot, et pendant les quelques instants de la traversée, que Marseille gagnait la cause de sa transformation, grâce à l'intelligente sollicitude de deux hommes sincèrement dévoué à sa prospérité.

M. Gassend rapportait, avec un légitime sentiment de satisfaction, le décret de la rue Impériale, signé par Napoléon III.

Serait-il inopportun de demander où et comment figure, en cette circonstance décisive, la *grande initiative* de M. Hilaire Curtil, dont la valeur intellectuelle n'a jamais dépassé les conceptions vulgaires d'un homme d'affaires?

Passons à l'exécution du projet, à la mise en œuvre de la rue Impériale.

Monsieur le Rédacteur,

A moins de vivre dans un recoin séparé du reste du monde, où les renseignements positifs ne peuvent arriver à notre connaissance, comment peut-on ignorer que l'initiative financière, la vraie, la *grande initiative d'exécution* soit celle de MM. Isaac et Emile Péreire, organisateurs des moyens économiques, de MM. Péreire, qui ont procuré à la réalisation du projet la puissance de leurs vastes ressources?

C'est ce puissant concours de MM. Isaac et Emile Péreire qui a permis la mise en œuvre par la rapidité et la fécondité des moyens; c'est ce concours, enfin, qui a valu à Marseille le bénéfice des plus avantageuses et des plus profondes modifications.

En citant des noms tels que ceux de MM. Péreire, il serait de mauvais goût de rappeler celui de M. Hilaire Curtil; il faudrait vouloir jeter, en quelque sorte, du ridicule sur les noms les plus illustres, en évoquant à leur suite le nom d'un homme dont la *grande initiative* est restée, jusqu'ici, à l'état de chimère ou de mythe.

MM. Emile et Isaac Péreire ont, par le fait, consacré leur haute intelligence et leur crédit financier à cette immense organisation qui a relié les terrains de la rue Impériale et ceux de l'ancienne Société des Ports de Marseille à la Compagnie Immobilière ; cette puissante conception a donné lieu à la création de nombreuses et belles constructions qui assignent à lavi eille cité phocéenne un rang d'honneur parmi les villes transformées et rajeunies par l'art contemporain.

L'initiative de MM. Emile et Isaac Pereire a seule opéré ce prodige de grands travaux que ne pouvait pas soupçonner un obscur spéculateur.

Toutes les industries et tous les ouvriers qui ont trouvé, par milliers, l'alimentation féconde de leur activité, dans cette période d'exécution, la doivent, en vérité, à MM. Péreire dont la *paternité ouvrière* est la seule réelle au cas dont il s'agit.

Les hommes spéciaux qui ont eu l'honneur, d'ailleurs bien mérité, d'être choisis et préférés, et de diriger les importantes opérations créées à Marseille par MM. Péreire, sont MM. Saige et Blavet.

La direction générale ne pouvait échoir à un ingénieur en chef d'un plus haut mérite que M. Saige.

Quant à la partie financière, il est incontestable qu'elle a été organisée et dirigée par M. Blavet, avec la supériorité qui le distingue.

La partie architecturale et artistique a été confiée à M. Ponthieu, architecte de Paris ; la seule vue de ses œuvres révèle le mérite hors ligne de cet éminent artiste. Les constructions de la rue Impériale émanent, pour une grande part, des conceptions architecturales de M. Ponthieu, et, pour le reste des plans et dessins, de M. Pochet et de divers architectes attachés aux entrepreneurs.

Vous voudrez bien convenir, M. le Rédacteur, que

la gloire de ces productions artistiques est tout entière à ces mêmes architectes et que ce serait vraiment une mauvaise plaisanterie que de rappeler à ce sujet le nom de M. Hilaire Curtil, qui n'a absolument rien fait en tout cela.

En ce qui concerne les entrepreneurs de la rue Impériale :

Ce sont d'abord MM. Chatelain et Barneoud, à qui l'on est redevable du percement si rapide de la voie.

Grâce à l'habileté et à l'énergie de leurs communs efforts, on a pu voir disparaître, avec une célérité vraiment exceptionnelle, ces mamelons, assises séculaires de l'ancienne ville.

Il a fallu moins d'un an! C'est donc en moins d'un an que s'est opéré le renouvellement général des terrains !

M. Hilaire Curtil n'avait probablement donné aucun exemple à ces intelligents travailleurs, et sa prétendue initiative n'a influé en rien dans l'exécution de ces prodigieux travaux !

Les mêmes entrepreneurs se sont associé ultérieurement M. Jules Lasnier, et c'est à leur coopération qu'est due, en majeure partie, la construction des maisons de la rue Impériale, sur une surface de plus de 30,000 mètres.

Il est encore une nombreuse catégorie d'entrepreneurs et d'hommes d'affaires qui repoussent les prétentions de M. Hilaire Curtil et qui ne voudraient pas se voir réduits à imiter ses exemples !

Ce sont :

MM. Lasnier jeune, îlot n° 8, constructeur, sur. . . . . . . . . . . 1340 m.
Amié et Tardieu frères, îlot n° 12 4600 »
Adrien St-Paul, îlots 14 et 17 *ter*. 6300 »
Alibert Marius. . . . . . . . . . 6500 »
Lallier et Bailly. . . . . . . . . 7500 »

MM. Maubert, Roux, Cériolo, Michel, Allemand Lagorsse, Féraud, ont bâti sur les îlots 2 et 13 . . . . . 8500 m.
D'autres îlots restant en cours d'exécution, nos 10 et 15, ont été acquis de la Compagnie Immobilière par la Compagnie Anglaise d'une surface d'environ . . . . . . . . . . . 9000 »

Ces chiffres approximatifs indiquent et constatent que, sur plus de 75,000 mètres de terrain, 45,400 sont au compte de divers entrepreneurs; la différence, ou soit 30,000 mètres, figure sous les noms de MM. Lasnier, Chatelain et Barneoud.

L'œuvre de M. Hilaire Curtil, comme architecte et constructeur, n'a donc qu'une valeur égale à zéro dans cet ensemble de travaux et d'entreprises constatés par actes authentiques.

En résumant ce qui précède, vous ne pouvez contester, Monsieur le Rédacteur, que la création, l'exécution et l'achèvement de la rue Impériale soient l'œuvre de gens qui ne soupçonnaient pas l'existence de M. Hilaire Curtil, depuis le Chef de l'Etat, depuis MM. Lagarde et Gassend, MM. Isaac et Emile Péreire, Saige, Blavet, Chatelain, Barneoud, Jules Lasnier, jusqu'à M. Ponthieu et aux divers architectes ci-dessus indiqués.

Voilà donc la réalité; voilà toute une longue liste d'hommes notables, éminents, utiles et modestes qui n'ont jamais songé à faire sonner aucune trompette au profit de leur mérite.

Si la gloire imaginaire de votre client doit être itérativement, périodiquement et obstinément anoncée à grands renforts de réclames démenties par la réalité des faits;

Si la *grande initiative* de cet homme incomparable a besoin d'être célébrée par des apologistes dupes ou complices d'une illusion, on ne peut sincèrement que plaindre cette faiblesse et regretter cette folle vanité; car la pire des conséquences serait que M. Hilaire Curtil finit par croire à la bonne foi de ses courtisans; il y aurait, à coup sûr, de quoi lui donner l'occasion d'un fou rire....!

Je vous démontrerai, dans une prochaine lettre, que votre protégé n'a été, même pour une faible partie des opérations de la Compagnie Immobilière, qu'un simple spéculateur dont les faits sont loin et bien loin de correspondre aux bruits exagérés que certains complaisants cherchent à faire autour de son nom.

H. Bondilh

4 Janvier 1867.

Nous mettons sous les yeux du lecteur l'article inconvenant du *Nouvelliste*. Ce journal aura-t-il la loyauté de reproduire notre troisième lettre !

H. Bondilh.

## ARTICLE DU NOUVELLISTE.

Marseille, le 15 Janvier 1867.

A Monsieur le Rédacteur du *Nouvelliste*.

Monsieur le Rédacteur,

« Nous avons sous les yeux une lettre qui vous est adressée, que le journal la *Publicité* a jugé à propos d'insérer dans son numéro du 12 de ce mois et dont l'auteur, avec son sérieux qui ne manque pas de charme pour qui le connaît, attribue ou dénie à chacun une part plus ou moins grande dans le mérite d'avoir élevé les importantes constructions dont Marseille s'est enrichie pendant ces dernières années.

» Il est possible que M. Louis Lagarde accepte sans se plaindre les éloges que lui *inflige* M. Bondilh ;

» Peut-être MM. Gassend, Isaac et Emile Pereire, Saige, Blavet, Pontieu et bien d'autres personnes honorables subiront-ils aussi, en silence et patiemment des flatteries qu'ils doivent regretter, ne serait-ce qu'à cause de la source d'où elles proviennent ;

» M. Curtil, à coup sûr, ne répondra que par un MÉPRIS bien légitime aux attaques auxquelles il est en butte ;

» Mais il est de notre droit, de notre DEVOIR de protester, au nom de la vérité, contre cette lettre dans laquelle on nous prête des sentimenis qui ne sont pas les nôtres.

» M. Bondilh nous nomme et prétend que nous repoussons « *les prétentions de M. Hilaire Curtil et* » *que nous ne voudrions pas nous voir réduits à* » *imiter ses exemples.*»

» Nous ne savons au juste de quelles prétentions ni de quels exemples le rédacteur de la lettre entend parler; mais nous reconnaissons hautement à M. Curtil le droit de compter sur notre estime, notre amitié et la considération publique que lui méritent ses travaux et sa conduite.

» M. Bondilh s'attribuant le soin de dispenser la gloire ! c'est trop fort !

» Veuillez agréer, M. le rédacteur, l'expression de nos sentiments les plus distingués.

Signés: Charles Roux, Joseph Ceriolo, Allemand, Gabriel Feraud, Lagorsse, Michel. »

Voilà M. Bondilh désavoué par ceux mêmes qu'il a cru très habile de mettre en avant, dans *la croisade qu'il poursuit* contre M. Curtil et contre ses succès.

C'est quelque chose ; mais il nous semble que si les signataires de la réponse qui précéde, se sont bornés à repousser toute participation à une œuvre d'envie, si M. Curtil se renferme dans le silence du MÉPRIS, si aucun d'eux n'a daigné entrer en discussion avec M. Bondilh, ce dont nous n'avons qu'à les féliciter, il nous appartient à nous de démontrer en quelques mots que nous ne sommes pas tout-à-fait aveuglés quand nous rendons justice à l'initiative, au mérite d'un de nos entrepreneurs les plus distingués ; que réduire à zéro sa coopération dans les grands travaux qui viennent de rajeunir et d'embellir Marseille, c'est donner la juste mesure d'une partialité qui ne peut être un doute pour personne.

Résumons aussi rapidement que possible les phases de cette affaire et voyons si M. Curtil n'y a réellement participé en rien.

L'Empereur, à son passage à Marseille, autorise l'ouverture de la rue Impériale;

Une compagnie acquiert de la Ville les terrains en façade sur cette voie et ceux de la Joliette et du Lazaret ;

La Ville met à cette acquisition l'obligation de bâtir.

La compagnie débute par faire construire directement quelques îlots, mais il entre alors dans ses combinaisons financières de chercher des acquéreurs et constructeurs qui auront à se substituer à elle, à des conditions qu'il est inutile de rappeler ici.

M. Curtil traite directement avec MM. Pereire en leur qualité de directeurs de la Compagnie, il rapporte la cession des îlots 2, 6, 12 (partie) 13 et 13 bis de la rue Impériale, de l'îlot 2 de la Joliette, des 4 îlots du Lazaret, portant les numéros 21 et 22 anciens.— Et vous trouvez scandaleux que le nom de l'entrepreneur qui a si puissamment aidé à l'exécution de ces grands projets, se trouve rappelé avec ceux des directeurs de la Compagnie.

M. Curtil ne s'en est pas tenu à cette vaste opération, il s'est intéressé aussi dans une forte proportion, et toutes les fois qu'il a jugé son concours utile, à la construction de divers autres îlots de la rue Impériale.

On se ferait une singulière idée de semblables affaires, si l'on s'étonnait de ce que l'acquéreur des terrains s'est adjoint et a appelé à lui des nombreux auxiliaires, pour élever simultanément ces gigantesques constructions.

Ces auxiliaires, ce ne sont pas seulement ceux que vous avez cités, ceux qui viennent de signer le désaveu auquel vous deviez bien vous attendre; ce sont encore:

Pour l'îlot 2 de la Joliette, MM. Rivière et Béraud :

Pour l'îlot 6 de la rue Impériale, M. Hubert Genty ;

Pour l'îlot 12 (partie) de la rue Impériale, M. Lagorsse ;

Pour l'îlot 13 bis de la rue Impériale, MM. Charles Roux et Ceriolo, Mallet, Michel, Feraud, Lehoux et Audibert;

Pour l'îlot 13 bis rue Impériale, MM. Burdet, Allemand et Guicu, Rabatel et Tuggiasco ;

Pour l'îlot 22 et 22 bis du Lazaret, Messieurs Savournin, David, Cébélieu, Romain Cler, Lesueur, Chevret, Mailhet, André Savournin, Vidal, Gamère, Simian, Tricon Joseph, Tricon Lazare, Olive, Mallet, Coulomb et Cie, Guigou, Roba ;

Pour l'îlot 21 et 21 bis du Lazaret, Messieurs Raphaël, Savournin, Cériolo, Mayen Michel, Ferrand, Taggiasco, Lyon, Isnardon, Verdillon, Turcon, Roux et Réglier, Portal Brun, Lazare Bistrand, Lemarchant, François Bertrand frères, Destique , Nègre, Charles Roux, Cordeau, Gueidon, Boyer, Thuile, Girard et Emy.

Voilà avec bien d'autres que des renseignements pris à la hâte nous font omettre en ce moment, quels sont les entrepreneurs qui ont coopéré à l'œuvre de M. Curtil. Leur nombre peut faire apprécier l'importance des travaux dont ce dernier avait pris la charge. Mais n'y a-t-il participé en rien.

M. Ponthieu en a-t-il tout le mérite? Nous croyons pouvoir ajouter sans crainte d'être démenti que M. Ponthieu au talent du quel nous sommes heureux d'avoir occasion de rendre ici un hommage sincère, a toujours été étranger aux îlots concédés à M. Curtil, et qu'il n'a été l'architecte que des îlots que la Compagnie Immobilière a fait construire pour son compte; nous savons que M. Curtil a été et est encore l'architecte, le directeur général de ces nombreux entrepreneurs que nous venons de citer, que pas une maison n'a été élevée, pas une façade adoptée, pas une pierre posée, sans son concours, ses plans et surtout SON CRÉDIT.

M. Bondilh tient-il cela pour peu de chose, quand les terrains concédés, qui ont une superficie de 35,000 mètres carrés, sont aujourd'hui entièrement couverts de constructions et représentent une valeur de 38 millions de francs?

Si M. Bondilh en a fait davantage, qu'il nous l'apprenne. *Nous ne serions au surplus nullement étonné (Phrase mélodieuse!!)* de le voir, au premier jour, établir victorieusement que c'est lui seul qui entre autres opérations fort honorables, a construit la rue Impériale, la Joliette et le Lazaret.

Et il est évident que *s'il peut être au monde une gloire indiscutable, (Barbarisme* — Hilarion Clapier)*ce sera, ce jour-LA, LA* gloire de M. Bondilh.

---

# RÉPONSE AU NOUVELLISTE.

MONSIEUR LE RÉDACTEUR,

—

Il était facile de prévoir que le dépit et la colère de M. Hilaire Curtil seraient vivement excités par les justes restrictions que j'ai opposées au débordement de vos phrases admiratives.

Mes deux premières lettres avaient le tort, probablement, de détrnire vos assertious; dans cette forme de langage que prescrit, dans tous les cas, l'urbanité littéraire. — Vous avez jngé digne de vous et de M. Hilaire Curtil de vous montrer inconvenants, d'évoquer LE MÉPRIS. — Cette monnaie n'a cours que chez vous; elle est l'unique salaire des insulteurs de votre espèce.

Six de vos correspondants à la truelle ont reçu l'invitation obligatoire de me faire part de ce *mépris* comique et bouffon que M. Curtil professe pour ses contradicteurs; les courtisans de ce philanthrope sont plus malheureux que moi, et je suis presque porté à les plaindre, car ils fléchissent sous le poids de l'estime de M. Curtil.

Vous aviez posé, sur la place publique, le buste de ce faux grand homme; le bruit de votre trompette d'encan avait étourdi les oreilles de la foule indifférente au profit d'une idole, qui n'a droit qu'aux génuflexions de sa clientelle, dans le vestibule où l'on daigne recevoir les organïsateurs de sérénades, les raccoleurs d'enthousiasme. Quand les bruits de la vanité ne s'étendent pas au-delà du foyer domestique, permis, sans doute, à tout prétentieux de se faire acclamer par la foule de ses protégés.

Il ne viendra jamais à la pensée d'un trouble-fête, même le plus indiscret, de faire entendre une note aigüe à travers les chants de triomphe que certains gagistes de l'adulation sont heureux et trop souvent obligés de faire résonner dans l'antichambre de leur protecteur.

La vie privée d'un parvenu, modeste ou orgueilleux, échappe à la critique ; un mur d'airian protége, contre les regards du dehors, les scènes burlesques dont maint philanthrope de parade se procure les bénéfices dans l'intérieur de son domaine.

M. Hilaire Curtil a, sans doute, le droit et le besoin de se faire admirer, applaudir, chanter et encenser par le zèle de ceux dont il est le MAITRE ! (voir l'*Echo de Marseille*) ; c'est à la condition que tout ce tapage d'admiration salariée n'arrivera qu'au tympan des employés et autres serviteurs, à l'abri du toit discret, et sous le couvert de la cheminée.

Il a de plus l'incontestable faculté de faire grouper, devant la porte de sa maison, autant de coryphées et d'orphéons qu'il juge nécessaire d'en payer, et d'assister, du haut de son balcon, à une séance musicale *improvisée* à son intention. — Les virtuoses de la mélodie courtisanesque, les solistes du couplet flatteur, n'engagent que leur propre responsabilité, quand ils jettent au vent les dièzes de leur amour et les bémols de leur tendresse ; quand ils déroulent, à plein gosier, les gammes les plus éclatantes de leur *reconnaissance*. M. Hilaire Curtil, un si bon père des ouvriers, ressent alors un doux battement de cœur qui le récompense et l'indemnise de tous ses sacrifices, et de son ardente charité pour la veuve et pour l'orphelin.

Ces ovations nocturnes, au flambeau et à la torche, avec accompagnement d'orchestre, n'excèdent pas encore les limites de la vie privée ; M. Hilaire Curtil compte assez de *surnuméraires à ses faveurs* pour qu'on s'explique ce délire calculé, cette grossière exploitation d'une mesquine vanité. M. Curtil, du reste, ne voudrait pas que les joueurs de violon en fussent pour leurs frais de chanterelles, et pour leurs débours de colophane. — Ainsi fêté, d'ailleurs, ainsi préconisé par les organisateurs subalternes de ces chants ou de ce chantage, M. Curtil n'en reste pas moins le simple et obscur particulier dont l'opinion publique n'a que faire

Mais que l'ivresse des sérénades trouble le cerveau de cet homme et l'égare au point de lui faire croire que les affirmations d'une feuille publique ont un caractère *d'innocence et d'irresponsabilité* égal à celui des ovations particulières, en vérité, il faut méconnaître ou bafouer gratuitement la raison, pour partager les illusions naïves ou simulées d'un tel orgueil.

A moins que le *Nouvelliste* ne veuille faire cet aveu que ses déclarations n'ont aucune valeur publique ; à moins que cette feuille ne consente à se classer parmi les journaux dont la parole est sans influence et sans crédit, force vous sera bien de convenir, Monsieur le Rédacteur, que les diplômes de *grande initiative* et les certificats de *grands exemples à suivre*, par vous donnés à M. Curtil, devaient, selon votre pensée et *le respect de vous-même*, entraîner l'adhésion implicite de l'opinion au profit de ce philanthrope, de cet *habile* ingénieur, de ce *savant* architecte, de ce *merveilleux* constructeur !

Eh ! quoi, on vous a fait l'honneur de supposer, conformément aux règles générales de la presse, que vous demandiez à tous en général et à vos lecteurs en particulier, soit l'homologation de vos aveux et la confirmation de vos panégyriques, soit une loyale et *imprescriptible* discussion sur la *valeur publique* de M. Curtil !

C'est à raison de cette estime, qu'on n'aurait pas dû avoir pour votre intelligence et votre dignité d'écrivain, que l'on s'est posé cette simple, mais grave question :

Le buste de M. Hilaire Curtil est-il de ceux qui peuvent être placés sur la voie publique, et y être maintenus avec l'assentiment de l'opinion générale, sur la présentation d'un seul journal, avec l'acquit-à-caution du *Nouvelliste ?*

Le buste de M. Hilaire Curtil doit-il être salué par les passants, comme l'image, en plâtre ou en bronze, d'un vrai grand homme, d'un bienfaiteur de la classe ouvrière, d'un père des travailleurs?

N'y aurait-il pas quelque motif sérieux et légitime de demander l'enlèvement de ce buste qui ne représente qu'un vulgaire spéculateur, un particulier uniquement dévoué à son intérêt personnel? Car il serait de la dernière impudence, pour ne rien dire de plus, qu'un agent d'affaires, qu'un praticien retors de l'agio et de l'escompte, portant dans sa poche le *guide* de l'adroit financier et les *calculs tout faits d'un Barème* vigilant, qu'un philanthrope formé à la pratique de la charité chrétienne par l'étude du manuel boursicotier, voulût se hisser sur le piédestal d'un Mansart, d'un Monthyon, d'un Vincent de Paule !

Mais la déplorable coutume de la réclame, passée dans les mœurs d'une certaine presse toujours officieuse envers les heureux, ne suffit-elle pas et au-delà pour expliquer, sans vous en absoudre, la vaine tentative de captation que vous avez malheureusement consenti à faire, au profit d'un homme dont toute l'ambition devrait se borner à garder le silence, et à jouir obscurément d'une fortune qui ne lui donne aucun droit d'entrée ou Panthéon, ni aucun titre au *ruban rouge.*

Tels sont, en résumé, les motifs plus que légitimes de l'inscription en faux par nous apposée sur le piedestal de *votre* statue qui ne mérite, à aucun égard, les honneurs de la place publique.

D'autre part, vous avez dit, Monsieur le Rédacteur, que M. Bondilh *a entrepris une croisade* contre M. Hilaire Curtil.

Ici le cas est plus grave !

Laissant de côté, pour un instant, vos folles prétentions ou celles de votre protégé, nous vous demanderons de rétablir le sens des mots *français;* vous seriez trop à l'aise, en effet, si l'on vous permettait de calomnier les intentions et le rôle de vos contradicteurs, sous le bénéfice d'une phrase incorrecte et vicieuse.

Non, vous vous trompez, et cela très-volontairement, à moins de passer condamnation sur votre ignorance ; vous vous trompez en alléguant qu'une croisade a été par nous entreprise contre M. Curtil !

Qu'est-ce, donc, que d'entreprendre une croisade ?

C'est se déclarer spontanément agresseur contre quelqu'un ou contre quelque chose, comme, par exemple, dans la guerre que vous avez entreprise et que vous poursuivez encore si pitoyablement contre toutes les idées libérales.

Entreprendre une croisade, c'est faire acte de provocation directe et systématique ; c'est, en un mot, donner, sans agression préalable, le signal d'une polémique ; c'est arborer, à titre gratuit, le drapeau des hostilités.

Or, je vous le demande ; serait-ce, par hasard, le cas dont il s'agit ?

Aurions-nous, que vous sachiez, pénétré d'un regard indiscret dans la vie privée de M. Curtil ? Aurions-nous pris les devant, et donné le signal d'une discussion hostile contre votre philanthrope ?

Où, quand et comment, avant l'heure des plates apologies dont l'initiative reste à votre charge, où quand et comment avons-nous recherché la triste satisfaction d'exhumer M. Curtil de son obscurité, et de traduire ce nom à la barre du public, de l'exposer à la malice des passants ?

Vous pouvez affirmer pareilles allégations, vu le goût et le penchant qui vous entraîne vers les contre-vérités, ô laudateur de faux grands hommes ! mais le public nous est témoin que notre rôle s'est borné et se borne à repousser les inconvenantes flatteries que la clientèle de M. Hilaire Curtil a eu l'audace de lui prodiguer par l'entremise de votre feuille.

Qu'un certain commis ou employé subalterne de cet homme d'affaires, recherche ses bonnes grâces et mendie ses faveurs à l'aide d'un encens grossier ; qu'un zélateur de bas étage chante à *son maître* de burlesques refrains d'adulation, il en a certes le déplorable privilége ; un Mascarille ou un Crispin, appointé à 100 fr. par mois, éprouve le besoin d'améliorer sa piteuse condition ; c'est un métier dont l'apprentissage se fait derrière les coulisses transparentes de tous les théâtres ; mais attendu que la comédie n'a plus de secret depuis longtemps, le Mascarille aux encaissements et le Crispin saute-ruisseau ! ! s'évertue à sonner de la trompette ; sergent-enrôleur d'aubades et recruteur de tambourins, il mène les bandes de clients et de serviteurs ; il donne le signal de la parade ; puis, quand tous les *Ratons* de l'enthousiasme se sont retirés, *Bertrand* tire de sa poche la facture..... du dévouement ! toute sérénade vaut au moins..... un fromage !!... demandez-le plutôt au fabuliste ! La ruse est ancienne ; elle est même antique ! mais les flatteurs ne reculent pas devant le plagiat ; ils sont, d'ailleurs, bien excusables, car les vilains *Maîtres Corbeaux* sont les plus sottes bêtes que la vanité puisse livrer aux *Compères-Renards*.

Que M. Curtil paye donc les frais d'encensoir, rien de plus juste ; ses moyens le permettent à sa modestie !

Mais que l'excès d'un zèle *désintéressé* arrive à ce point d'arrogance de vouloir imposer à l'admiration publique, par l'autorité de votre journal, un calculateur de bénéfices, un vulgaire adorateur de la fortune, en vérité ! cela dépasse la limite du possible ; cela constitue une usurpation de titres dont la bonne foi publique doit être sauvegardée !

Retirez donc ce buste de M. Curtil ; retirez-le de la voie publique ! Remportez-le en silence et sans orphéon, sans flambeaux résineux ! déposez-le dans l'intérieur de sa maison ; replacez-le sur le piédestal de son coffre-fort, exposé seulement aux regards attendris de sa fidèle compagne ; rendez-le à l'inviolable obscurité du domaine privé ; et nul ne trouvera plus à redire ni à contredire !

L'insignifiance des adorateurs, la non-valeur des courtisans donnera la vraie mesure de cette divinité; canonisez M. Hilaire Curtil, si cela peut lui convenir ; à la condition toutefois qu'il ne fasse de miracles que dans sa chapelle ! mais, de grâce, ne venez pas introduire un saint de contrebande dans l'Almanach des vrais apôtres.

Et maintenant, laissez-moi vous dire, en terminant cette partie de ma réfutation, que votre erreur *volontaire* a été égale à l'impertinence de vos insinuations quand vous avez parlé *d'éloges que j'inflige* à MM. Lagarde, Gassend, Emile et Isaac Pereire, Blavet, et à tous autres, seuls vrais initiateurs des constructions de la rue Impériale.

Non, je n'ai point *infligé* d'éloges à des hommes qui n'en ont aucun besoin, et qui dédaignent le chantage des réclames dont vous êtes praticien émérite; non je n'ai point *infligé* d'éloges à ces hommes dont vous êtes OBLIGÉ de reconnaître et d'affirmer publiquement l'intelligence, la moralité et l'initiative !

Non, je n'ai pas eu le triste mérite de vouloir imiter vos ineptes flatteries à l'endroit de M. Curtil.

J'ai fait l'énonciation pure et simple de faits, d'actes et d'opérations dont votre héros n'a pas la moindre part à réclamer. Vous m'avez fourni, vous même, l'occasion de rappeler, après tant d'autres, les noms de personnes dont vous devriez conseiller à M. Curtil *d'imiter les exemples;* faisant cela, vous agiriez mieux qu'en le posant comme un donneur de modèles !

A tout prendre d'ailleurs, s'il y avait eu éloge de ma part, la source d'où il émanerait est d'une pureté autrement démontrée que le *désintéressement* qui vous a porté, ou contraint à promener, avant les jours de carnaval, le buste de M. Hilaire Curtil sur les pavés de la rue Impériale.

Vous avez poussé, enfin, l'excès des plates bouffonneries jusqu'à m'imputer la prétention éventuelle d'avoir pu construire la rue Impériale !

Pauvre hère de journaliste que vous êtes ! feindriez-vous d'ignorer que votre bourse ni la mienne ne nous permettent pas de concevoir pareilles illusions ? Dans tous les cas, ce rêve de folie aurait encore plus de chances de se réaliser que la chimérique velléité de placer votre client au rang des grands hommes !

Obligé de faire justice de vos inconvenances et de vos agressions personnelles, je n'ai pas, gardez-vous de le croire, perdu de vue l'objet essentiel du débat.

La gloire de M. Hilaire Curtil étant réduite à sa juste valeur, c'est-à-dire à zéro, est-il impossible de démontrer que son rôle a été purement et simplement celui d'un spéculateur ?

Loin de là !

Toute l'œuvre de cet homme se résume dans la recherche de bénéfices personnels, dans l'accroissement de sa position et de sa notoriété financière.

Aux termes de son traité avec la Compagnie Immobilière, M. Curtil a-t-il une autre condition que celle d'un intermédiaire intervenant au profit de sa caisse ?

Que ressort-il de l'acte passé, vers le mois de juillet 1864, aux minutes de Me Pascal, notaire à Marseille ?

Ceci évidemment : la qualité de locataire de 26,278 mètres environ de terrains, dont 8,500 à la Rue Impériale, pour la durée de trente ans, avec faculté d'achat et obligation de bâtir.

Or M. Curtil avait la faculté de transférer ses droits à des tiers *de son choix*, qui se *substituaient* à sa garantie ; il n'a pas négligé, nul ne l'ignore, de se faire l'application la plus large de cette clause facultative; comment pourrait-il nier qu'elle n'ait été la base essentielle de toute sa spéculation?

Ici, en effet, surgit toute la vérité.

Oui, sans doute, M. Curtil a transféré ses droits; il a transféré avec une telle libéralité, avec une telle prévoyance que ce transfèrement peut être appelé une libération.

On ne songe pas à contester qu'il a cédé, tout cédé, à ce point de ne pas garder un seul pouce de terrain!

Voudriez-vous nous dire, toutefois, si cette opération résulte de la générosité de M. Curtil, ou d'un calcul habilement conçu et non moins adroitement réalisé.... à son profit personnel.

Dénierez-vous que la preuve de la spéculation financière résulte de la multitude même des noms que vous faites figurer dans votre article.... si empreint de *bonne foi!*

Cette nomenclature de *racheteurs*, ironiquement qualifiés d'*auxiliaires*, voudrait-elle, par hazard, laisser entrevoir des *obligés bénéficiaires?*

Ne vaudrait-il pas mieux leur rendre toute justice en les appelant les Rédempteurs de M. Curtil; car ces braves gens l'ont racheté.... de ses obligations.

Mais, conformément au rachat pratiqué jadis sur les côtes du Maroc, est-ce M. Curtil qui a payé sa rançon? ou bien l'a-t-il reçue des mains mêmes ou par le moyen de ceux qui l'ont tiré de qualité, qui l'ont exonéré envers la Compagnie?

Singulière fortune! bonheur inespéré!! M. Curtil se démet de ses charges, et par une intervention parasite, résultant d'une adroite prévision, il prélève des DIFFÉRENCES sur ceux-là mêmes qui acceptent le fardeau de l'opération !

Car il ne suffit pas à la modeste ambition de M. Curtil de s'être affranchi de son contrat, de l'avoir transféré à autrui ; il ne lui suffit pas que ses prétendus auxiliaires deviennent, à son lieu et place, acquéreurs de terrains et constructeurs de maisons ; il faut de plus qu'à l'aide de déductions, de retenues d'intérêts sur les titres des créanciers, de frais d'acte, de courtage, d'allocations aux architectes, etc.... etc.... etc., il prélève sur les auxiliaires les bénéfices dès longtemps calculés de sa spéculation.

Et voilà comment le 75 0/0 crédité par la Compagnie aux sous-traitants de M. Curtil, mais à la condition que ce crédit passerait par LES MAINS de M. Curtil, s'est trouvé réduit ou aminci *bien* au dessous de 60 0/0.

O Turcaret, ô grand homme de la comédie traditionnelle ; tu as progressé depuis les temps de Regnard, de Molière et de Lesage !

En plein dix-neuvième siècle, étant donné le *Manuel du Spéculateur à la Bourse* et.... ailleurs, l'intermédiaire parasite remplit sa caisse d'ingénieuses différences, et il voudrait porter la croix d'honneur en faisant porter aux ouvriers (ses enfants !) la croix du bon Jésus.

Le progrès n'est plus contestable !

Mais si les auxiliaires de M. Curtil ont concouru à la plus value de sa fortune, comme des enfants déshérités d'avance par leur excellent père, il s'ensuit, au moins, qu'ils ont acheté le droit de s'intituler constructeurs réels, constructeurs sérieux, positivement entrepreneurs des maisons dont il s'agit.

Comment supposer que M. Curtil, en encaissant les *bénéfices* de SON RACHAT et les *profits* de SON

EXONÉRATION n'ait pas la générosité de laisser aux cessionnaires la possession d'un titre si chèrement acquis !

Il ne faudrait pas pousser jusqu'à l'absurde un système de froide ironie contre ces pauvres auxiliaires; la logique d'ailleurs ne souffre ni ne permet certaises entorses que l'on voudrait donner à la réalité.

Si M. Curtil a bâti, que peuvent prétendre ses auxiliaires? Quelle est la valeur réelle et *morale* de leur rôle? Seraient-ils, par hazard, des mannequins ou des hommes sérieux, ces sous-traitants substitués à un cédant fictif ou sincère?

Dans le premier cas, il faudrait avoir la pudeur de le dire; dans le cas contraire, M. Curtil n'avait plus qu'à se croiser les bras et à *prendre* toute sorte *d'intérêt* sur ses auxiliaires, en suivant leurs travaux.

N'est-il pas à la connaissance de bien des gens que M. Curtil n'a rien négligé pour exercer sa philanthropie habituelle dans les opérations d'autrui; et mainte circonstance ne s'est-elle pas offerte où ce bienfaiteur de la classe ouvrière a pu se convaincre que les calculs de son humanité se heurtaient à des résistances invincibles!

A part ces 8,500 mètres, vous serait-il facile de prouver où et comment M. Curtil a pu s'intéresser aux travaux de la Rue Impériale?

En-ce qui concerne le dénombrément des prétendus auxiliaires dont vous faites gratuitement défiler la nombreuse phalange, il ne nous coûte rien de vous faire cet humble aveu que la réalité de vos allégations n'est intelligible que pour vous seul, Monsieur le Rédacteur.

M. Curtil n'a jamais eu d'autre souci que de se

faire rédimer par ceux-là dont vous évoquez les noms; travailleurs sérieux, leur substitution a fourni à votre héros l'avantage inestimable de le mettre hors de cause, de le dégager vis-à-vis de la Compagnie. Si le fameux traité si bruyamment préconisé fait la plus grande gloire de M. Curtil, pourriez-vous disconvenir que la majeure partie de cette gloire ne revienne aux entrepreneurs substitués à leur cédant?

Serait-il hors de propos de vous poser ici une simple question?

Dans la fantastique évocation que vous faites des noms sympathiques à M. Curtil, comment et pourquoi avez-vous pu *oublier* celui de M. Darney?

Est-ce que la gloire philanthropique de *votre initiateur* se trouverait tant soit peu éclipsée par un récent procès soutenu, à la grande émotion du public, devant le Tribunal de Commerce de Marseille?

Les magistrats consulaires, en adjugeant 35 mille francs à cet entrepreneur, auraient-ils démontré, à votre confusion, que le cœur de M. Curtil a souvent besoin d'un énergique stimulant judiciaire pour se montrer à l'unisson des sentiments paternels?

Alors que cet excellent père des ouvriers offrait à son adversaire, à son fils! la somme de 3,000 fr., le Tribunal, remplissant les fonctions de tuteur, rétablit les droits de Darney, mis en lumière par l'énergique plaidoirie de son défenseur. Par un jugement rendu à la plus vive satisfaction de l'auditoire, il déclare que l'offre paternelle de M. Curtil était distante de l'équité dans la proportion de 3,000 à 35,000 francs.

Mais, à tout prendre, l'entrepreneur dont il s'agit pouvait n'être en butte à certains créanciers que pour la faible somme de 3,000 francs; la tendresse prévoyante de M. Curtil lui fesait un devoir de ne pas étendre *ses sacrifices* au delà de ce chiffre!

Ah! nous ne saurions vous le contester! M. Curtil, le père des ouvriers, aime ses pauvres enfants d'une chaude affection qu'il tempère par une prudente économie; il se garderait bien de leur laisser prendre de funestes habitudes par l'excès de prodigalités mal entendues!

Cette excellente administration de *sa famille ouvrière* est le trait le plus original de l'esprit calculateur de M. Curtil; les salles d'audience retentissent depuis assez longtemps des interminables débats de ce bon père aux prises avec ses enfants; il est permis d'en déduire qu'il n'a à faire qu'à des ingrats, à des gens processifs, et qui *préfèrent* demander à la justice les bienfaits qu'ils désespèrent de recevoir de la main paternelle.

Tel est le triste tableau des discordes interminables qui ne présagent rien de bon pour l'avenir de la famille ouvrière dont M. Curtil est le père.

Je vous accorde, Monsieur le Rédacteur, que cet état de choses n'offre rien de récréatif; mais, pour prix de cette concession, vous ne manquerez pas d'alléguer que le bruit ou le scandale de tant de procès ne doit tourner qu'à la honte des *auxiliaires;* M. Curtil, lui, est une malheureuse victime de la méchanceté et de la rapacité de ses ennemis!

Que cette vérité puisse vous être légère!

C'est le même sentiment de justice et d'impartialité qui vous permet encore d'affirmer que toutes les constructions de la Rue Impériale n'ont pas dû être faites sur les plans de la Compagnie, d'après un type ordonné, sous sa direction et sous sa surveillance.

Quand on est sur la voie des contre-vérités il y aurait, en quelque sorte, de la faiblesse à ne pas pousser jusqu'à l'absurde la démonstration de l'impossible !

C'est pourquoi vous affirmerez que *la modeste* plaque, installée à l'angle de la Place Impériale, et offrant aux regards le nom de M. Curtil, ARCHITECTE ! est l'expression de la vérité vraie ; qu'une plaque signalant, par exemple, le nom de M. Ponthieu, serait moins véridique, n'est-ce pas ?

Les talents artistiques de M. Ponthieu pèsent-ils de quelque poids quand le génie de M. Curtil est vérifié et constaté dans votre balance plus juste que celle de Thémis !

Ce voisinage de l'ilot 15 et de la Place Impériale offrait une merveilleuse occasion de laisser croire à *la postérité* que les splendeurs de cette belle architecture sont l'œuvre inspirée de M. Curtil, un virtuose du crayon et du compas !

MONSIEUR LE RÉDACTEUR,

Vous m'avez fait cadeau de la lettre **MÉPRISANTE** de quelques braves gens qui se sont portés cautions des erreurs volontaires de votre prose inconvenante ; la boue de votre rédaction serait mieux employée, ce me semble, à rehausser le buste de M. Curtil.

Quoi qu'il en soit, je ne veux pas me montrer ingrat ; je ne veux pas être en reste de bons procédés avec vous ; c'est pourquoi je vous prie de prendre connaissance de la lettre ci-après, dont les signataires n'ont pu être gagnés par un genre d'influence que la caisse de M. Curtil est à même d'exercer beaucoup mieux que la mienne et que la vôtre aussi, je pense !

Je livre cette lettre à vos méditations ; vous ne manquerez pas d'y trouver les *derniers arguments de faits* qui établissent à tout jamais les titres de

M. Curtil à la reconnaissance des contemporains et à l'admiration de la postérité ! ! !

Marseille, 22 Janvier 1867.

MONSIEUR BONDILH,

Nous avons lu avec satisfaction les deux lettres que vous avez publiées, en réponse au Journal le *Nouvelliste*, au sujet de la prétendue gloire de M. Hilaire Curtil qui, à notre avis comme à celui d'un très-grand nombre d'ouvriers et travailleurs, n'a pas le droit de s'intituler le *père des ouvriers* ; nous sommes même autorisés à dire que nous n'aurions jamais voulu suivre les exemples de M. Curtil.

En ce qui nous concerne, voici quelles ont été les relations que nous avons eues avec ce prétendu philanthrope.

Depuis l'ouverture des travaux de construction, en 1864, il est impossible de contester que M. Curtil, loin de nous venir en aide, n'a jamais voulu nous verser le complément des sommes nécessaires pour le paiement de nos ouvriers et de nos fournisseurs.

Il est résulté de ce mauvais vouloir de M. Curtil que, vu l'embarras dans lequel ils se trouvaient, il fallait nécessairement souscrire des *bons* en faveur des fournisseurs ; ce qui permettait audit sieur Curtil d'escompter dans la proportion du 5 jusqu'au 20 et 25 0[0 la signature de ceux qu'il ose appeler ses *auxiliaires*.... le mot est bien trouvé !!

Il suffit d'énoncer une pareille manœuvre pour donner au public la vraie mesure des sentiments philanthropiques dudit sieur Curtil.

Vous comprendrez facilement que cet état de choses n'a pu engendrer que des procès où, faute de ressources pécuniaires égales à celles de M. Curtil, il a fallu se voir réduit à être accablé de frais de la part de tous les tiers, fournisseurs ou travailleurs à titre quelconque.

Nous vous faisons cette déclaration pour vous servir et valoir conformément à la vérité.

Agréez, etc., etc. HODE, MALET.

*P. S.*— Les fournisseurs présentant leurs *bons* ou soldes de compte à M. Curtil, ce philanthrope s'écriait d'un ton pathétique : ô pauvre malheureux fournisseur, je vous plains ! mais, en vérité je ne dois rien à votre entrepreneur ! au contraire il m'est redevable d'une bien plus forte somme. Mais cependant, à cause de l'intérêt que j'ai dans l'affaire, et pour la considération et le crédit de mon nom, je veux bien consentir, vu la circonstance, à faire un partage ; je perds une portion, et vous, estimez-vous heureux de faire un sacrifice, plutôt que de tout perdre.

Mis dans cette cruelle alternative, le fournisseur ou l'ouvrier façonnier, maugréant l'entrepreneur, acceptait le sacrifice *proposé* par la générosité de ce philanthrope.

Et voilà la comédie !! HODE, MALET.

Oui, voilà bien la comédie !

MONSIEUR LE RÉDACTEUR,

La *qualité* des *énonciations* de cette lettre me dispense de recourir à la *quantité* des signatures.

Une seule chose vous reste à faire ; c'est de remporter, avec mon mépris, mieux fondé que le vôtre, le masque de philanthropie que vous n'avez pu maintenir sur la figure de M. Curtil !

Et sachez bien que les vautours ne seront jamais pris pour des aigles, pour peu que l'on connaisse la vigueur de leurs serres et la mesure de leur appétit.

9 Février 1867. H. BONDILH.

Marseille.— Imprimerie SAMAT, quai du Canal, 9.

www.ingramcontent.com/pod-product-compliance
Lightning Source LLC
LaVergne TN
LVHW021714230826
846091LV00006BA/2177

* 9 7 8 2 0 1 3 2 5 6 5 0 6 *